ÂF175727

Impressum
Verlag: BABADADA GmbH, Nedderfeld 112 , 22529 Hamburg
Geschäftsführer / Verlagsleitung: Harald Hof
Druck: Books on Demand GmbH, In de Tarpen 42, 22848 Norderstedt

Imprint
Publisher: BABADADA GmbH, Nedderfeld 112 , 22529 Hamburg, Germany
Managing Director / Publishing direction: Harald Hof
Print: Books on Demand GmbH, In de Tarpen 42, 22848 Norderstedt, Germany

skola
escola

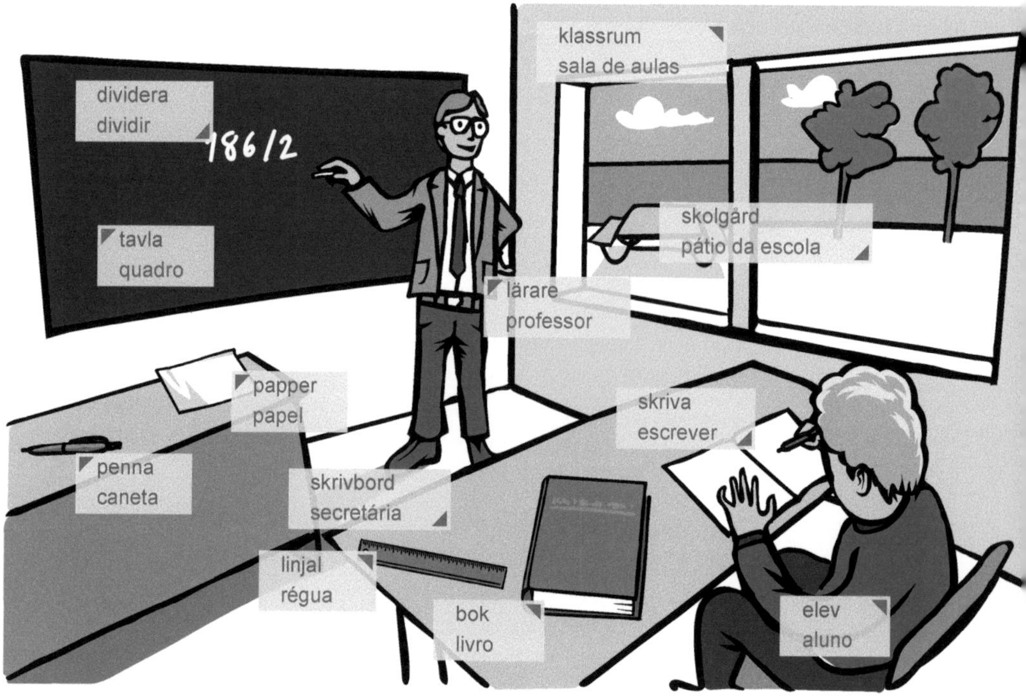

klassrum
sala de aulas
dividera
dividir
186/2
tavla
quadro
skolgård
pátio da escola
lärare
professor
papper
papel
skriva
escrever
penna
caneta
skrivbord
secretária
linjal
régua
bok
livro
elev
aluno

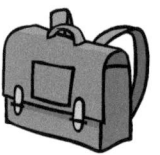

skolväska
mochila

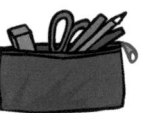

pennfodral
estojo de lápis

blyertspenna
lápis

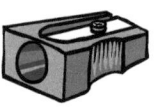

pennvässare
afia-lápis

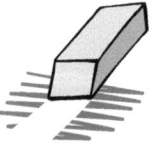

suddgummi
borracha

ritblock
bloco de desenho

teckning

desenho

pensel

pincel

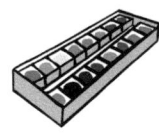

målarlåda

caixa de tintas

sax

tesoura

lim

cola

övningsbok

livro de exercícios

hemläxa

trabalhos de casa

tal

número

addera

somar

subtrahera

subtrair

multiplicera

multiplicar

räkna

calcular

bokstav

letra

alfabet

alfabeto

ord

palavra

text
....
texto

läsa
....
ler

krita
....
giz

lektion
....
hora

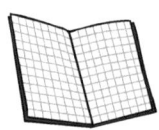

register
....
registo de presenças

prov
....
exame

intyg
....
certificado

skoluniform
....
uniforme escolar

utbildning
....
educação

uppslagsverk
....
enciclopédia

universitet
....
universidade

mikroskop
....
microscópio

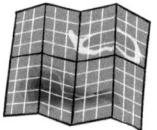

karta
....
mapa

papperskorg
....
cesto de lixo

skola - escola

hotell
hotel

Grand

vandrarhem
hostel

ROOMS

EXCHANGE

växelkontor
casa de câmbio

resväska
mala

bil
carro

språk
idioma

ja / nej
sim / não

Okay
ok / certo / correto

hej
olá

översättare
intérprete

Tack
obrigado

hur mycket kostar...?

quanto é que custa... ?

jag förstår inte

não entendo

problem

problema

God kväll!

boa noite!

God morgon!

Bom dia!

God natt!

Boa noite!

hejdå

adeus

riktning

direção

bagage

bagagem

väska

saco

ryggsäck

mochila

gäst

convidado

rum

quarto

sovsäck

saco-cama

tält

tenda

turistinformation

informação turística

strand

praia

kreditkort

cartão de crédito

frukost

pequeno-almoço

lunch

almoço

middag

jantar

biljett

bilhete

hiss

elevador

frimärke

selo postal

gräns

fronteira

tull

alfândega

ambassad

embaixada

visum

visto

pass

passaporte

transport
transporte

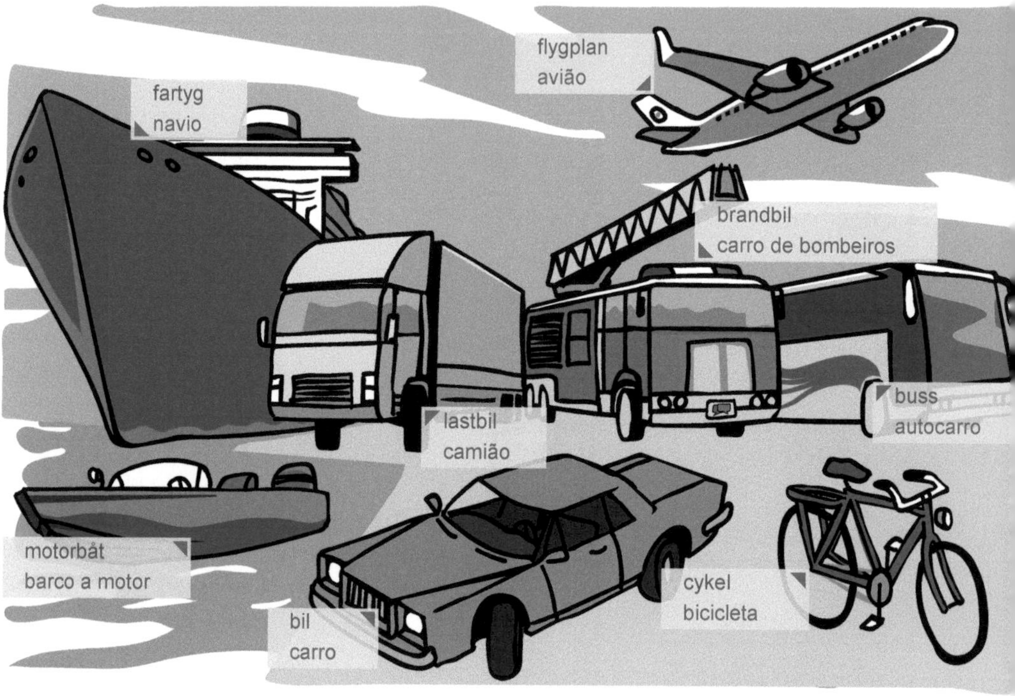
fartyg
navio
flygplan
avião
brandbil
carro de bombeiros
lastbil
camião
buss
autocarro
motorbåt
barco a motor
cykel
bicicleta
bil
carro

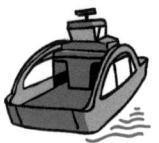

färja

cacilheiro

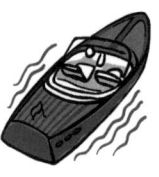

båt

barco

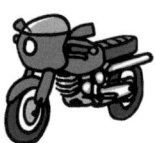

motorcykel

mota

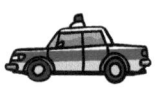

polisbil

carro de polícia

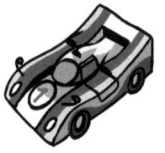

racerbil

carro de corrida

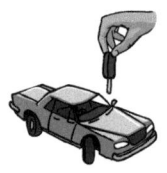

hyrbil

carro alugado

bilpool

carsharing

bärgningsbil

camião de reboque

sopbil

camião do lixo

motor

motor

bränsle

combustível

bensinstation

estação de serviço

vägmärke

sinal de trânsito

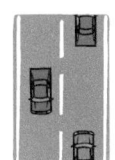

trafik

trânsito

bilkö

congestionamento de trânsito

parkeringsplats

parque de estacionamento

tågstation

estação ferroviária

räls

carris

tåg

comboio

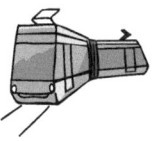

spårvagn

elétrico

vagn

carruagem

helikopter

helicóptero

flygplats

aeroporto

torn

torre

passagerare

passageiro

container

contentor

kartong

caixa de papelão

vagn

carrinho

korg

cesto

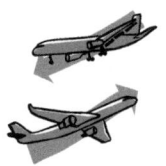

starta / landa

levantar voo / aterrar

stad
cidade

by

aldeia

centrum

centro da cidade

hus

casa

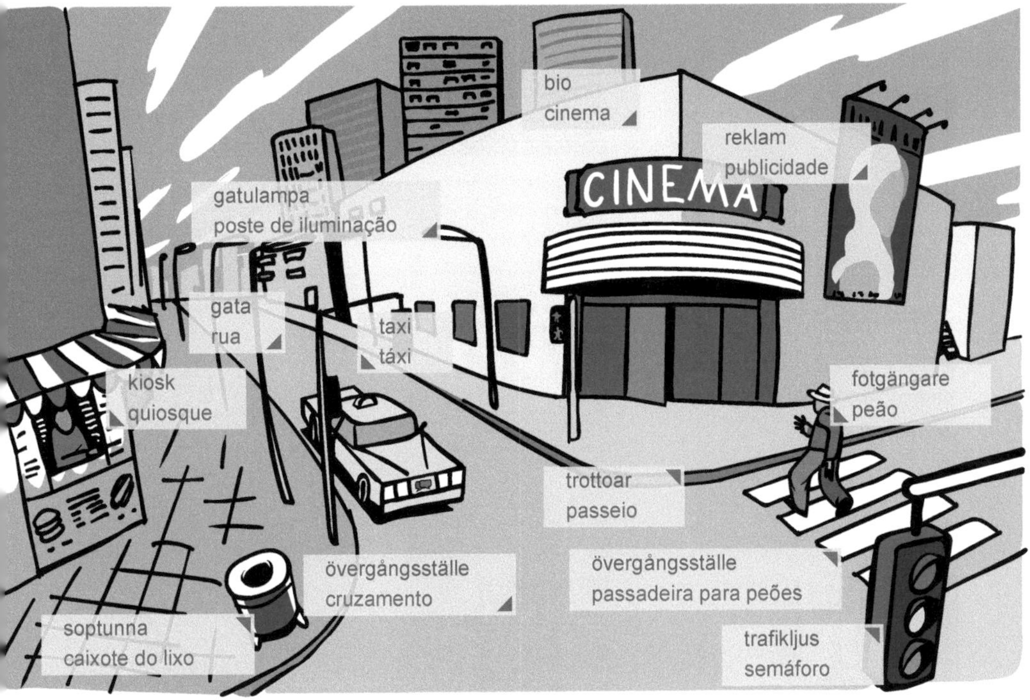

bio
cinema

reklam
publicidade

gatulampa
poste de iluminação

CINEMA

gata
rua

taxi
táxi

fotgängare
peão

kiosk
quiosque

trottoar
passeio

övergångsställe
cruzamento

övergångsställe
passadeira para peões

soptunna
caixote do lixo

trafikljus
semáforo

stuga

cabana

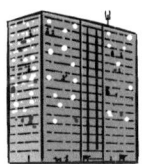

lägenhet

apartamento

tågstation

estação ferroviária

stadshus

câmara municipal

museum

museu

skola

escola

universitet

universidade

bank

banco

sjukhus

hospital

hotell

hotel

apotek

farmácia

kontor

escritório

bokhandel

livraria

affär

loja

blomsterbutik

florista

stormarknad

supermercado

marknad

mercado

varuhus

loja de departamentos

fiskhandlare

peixaria

köpcentrum

centro comercial

hamn

porto

park

parque

bänk

banco

brygga

ponte

trappa

escadas

tunnelbana

metro

tunnel

túnel

busshållplats

paragem de autocarro

bar

bar

restaurang

restaurante

brevlåda

caixa de correio

gatuskylt

sinal de trânsito

parkeringsautomat

parquímetro

zoo

jardim zoológico

simbassäng

piscina

moské

mesquita

bondgård
....
quinta

förorening
....
poluição

kyrkogård
....
cemitério

kyrka
....
igreja

lekplats
....
parque infantil

tempel
....
templo

landskap
paisagem

löv
folha

vägskylt
placa de sinalização

väg
caminho

äng
prado

sten
pedra

liftare
caminhantes

träd
árvore

flod
rio

gräs
relva

blomma
flor

dal
....
vale

kulle
....
montanha

sjö
....
lago

skog
....
floresta

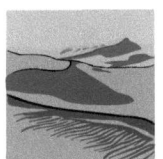

öken
....
deserto

vulkan
....
vulcão

slott
....
castelo

regnbåge
....
arco-íris

svamp
....
cogumelo

palm
....
palma

mygga
....
mosquito

fluga
....
mosca

myra
....
formiga

bi
....
abelha

spindel
....
aranha

skalbagge

besouro

groda

sapo

ekorre

esquilo

igelkott

ouriço

hare

lebre

uggla

coruja

fågel

pássaro

svan

cisne

vildsvin

javali

rådjur

veado

älg

alce

damm

barragem

vindkraftverk

turbina eólica

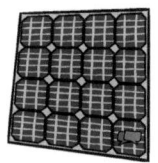

solcellspanel

painel solar

klimat

clima

restaurang
restaurante

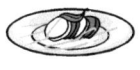

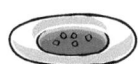

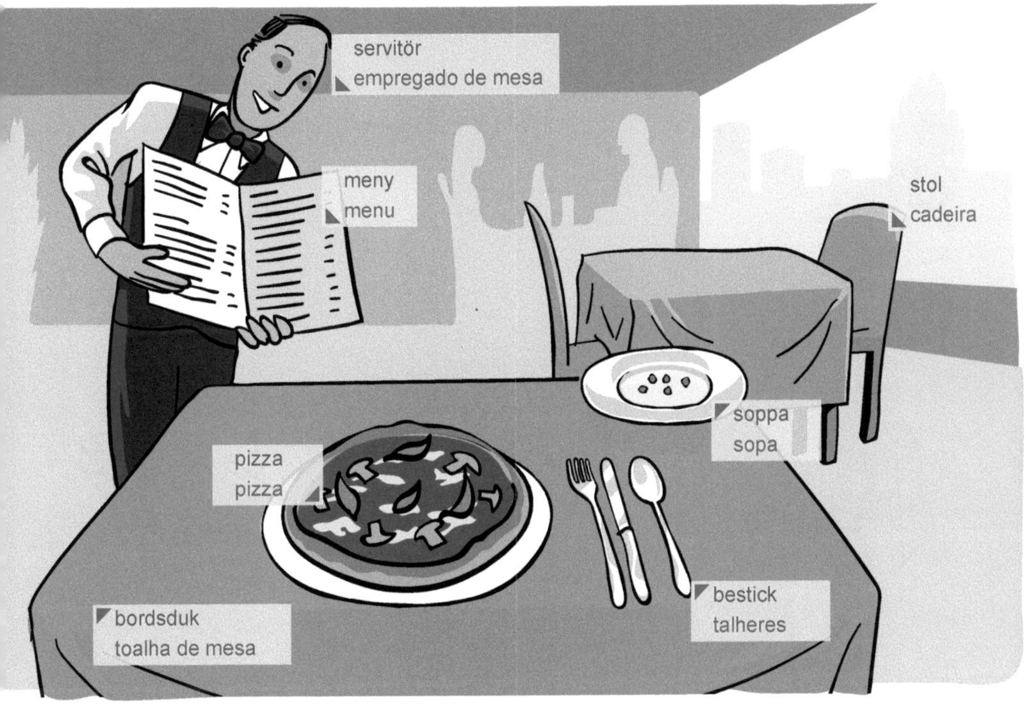

servitör
empregado de mesa
meny
menu
stol
cadeira
soppa
sopa
pizza
pizza
bestick
talheres
bordsduk
toalha de mesa

förrätt

entrada

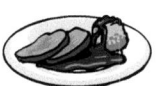

huvudrätt

prato principal

dessert

sobremesa

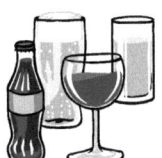

drycker

bebidas

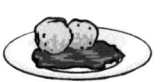

mat

comida

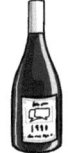

flaska

garrafa

snabbmat

fast food

street food

comida de rua

tekanna

bule de chá

sockerskål

açucareiro

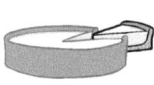

portion

porção

espressomaskin

máquina de café expresso

barnstol

cadeira alta

räkning

conta

bricka

bandeja

kniv

faca

gaffel

garfo

sked

colher

tesked

colher de chá

servett

guardanapo

glas

copo

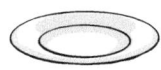

tallrik
prato

sopptallrik
prato de sopa

tefat
pires

sås
molho

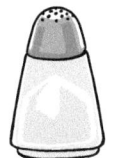

saltkar
saleiro

pepparkvarn
moinho de pimenta

vinäger
vinagre

olja
óleo

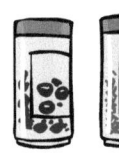

kryddor
especiarias

ketchup
ketchup

senap
mostarda

majonnäs
maionese

stormarknad
supermercado

specialerbjudande
oferta especial
FOR
kund
cliente
mejeriprodukter
laticínios
frukt
fruta
varukorg
carrinho de compras

BUTCHERS

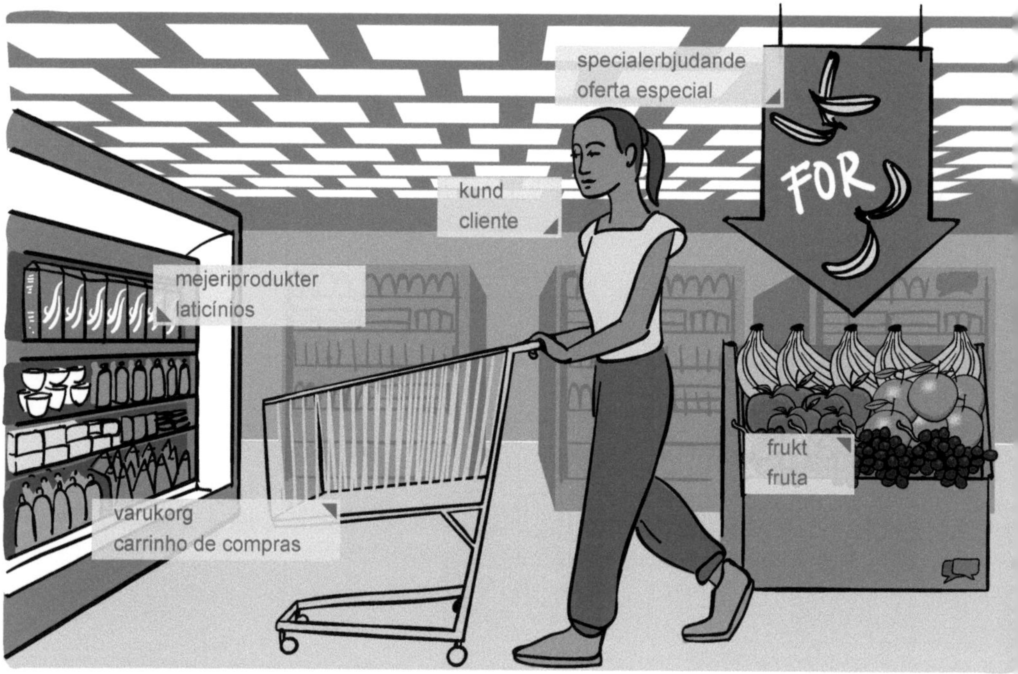

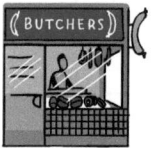

charkuteri

talho

BAKERY

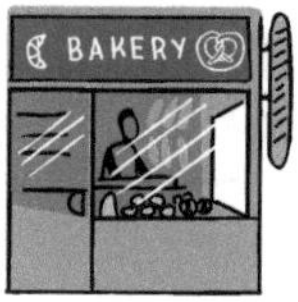

bageri

padaria

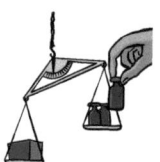

väga

pesar

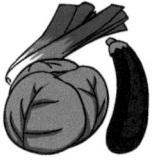

grönsaker

vegetais

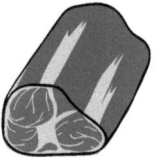

kött

carne

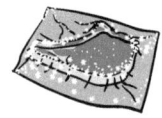

frysta livsmedel

alimentos congelados

pålägg
charcutaria

konserver
comida enlatada

tvättmedel
detergente em pó

godis
doces

hushållsprodukter
artigos domésticos

rengöringsmedel
produtos de limpeza

försäljare
vendedora

kassa
caixa

kassör
caixa

inköpslista
lista de compras

öppettider
horário de funcionamento

plånbok
carteira

kreditkort
cartão de crédito

väska
saco

plastpåse
saco de plástico

vatten

água

juice

sumo

mjölk

leite

cola

coca-cola

vin

vinho

öl

cerveja

alkohol

álcool

kakao

cacau

te

chá

kaffe

café

espresso

café expresso

cappuccino

capuccino

banan

banana

äpple

maçã

apelsin

laranja

melon

melão

citron

limão

morot

cenoura

vitlök

alho

bambu

bambu

lök

cebola

svamp

cogumelo

nötter

nozes

nudlar

talharim

spaghetti

esparguete

ris

arroz

sallad

salada

pommes frites

batatas fritas

stekt potatis

batatas fritas

pizza

pizza

hamburgare

hambúrguer

smörgås

sanduíche

schnitzel

bife panado

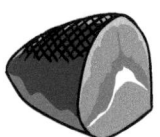

skinka

fiambre

salami

salame

korv

salsicha

kyckling

galinha

stek

assado

fisk

peixe

havregryn

flocos de aveia

müsli

muesli

cornflakes

flocos de milho

mjöl

farinha

croissant

croissant

fralla

carcaça (pãozinho)

bröd

pão

rostat bröd

torrada

kex

biscoitos

smör

manteiga

kvarg

requeijão

kaka

bolo

ägg

ovo

stekt ägg

ovo estrelado

ost

queijo

glass
gelado

socker
açúcar

honung
mel

sylt
compota

nougatkräm
creme de nougat

curry
caril

bondgård
quinta

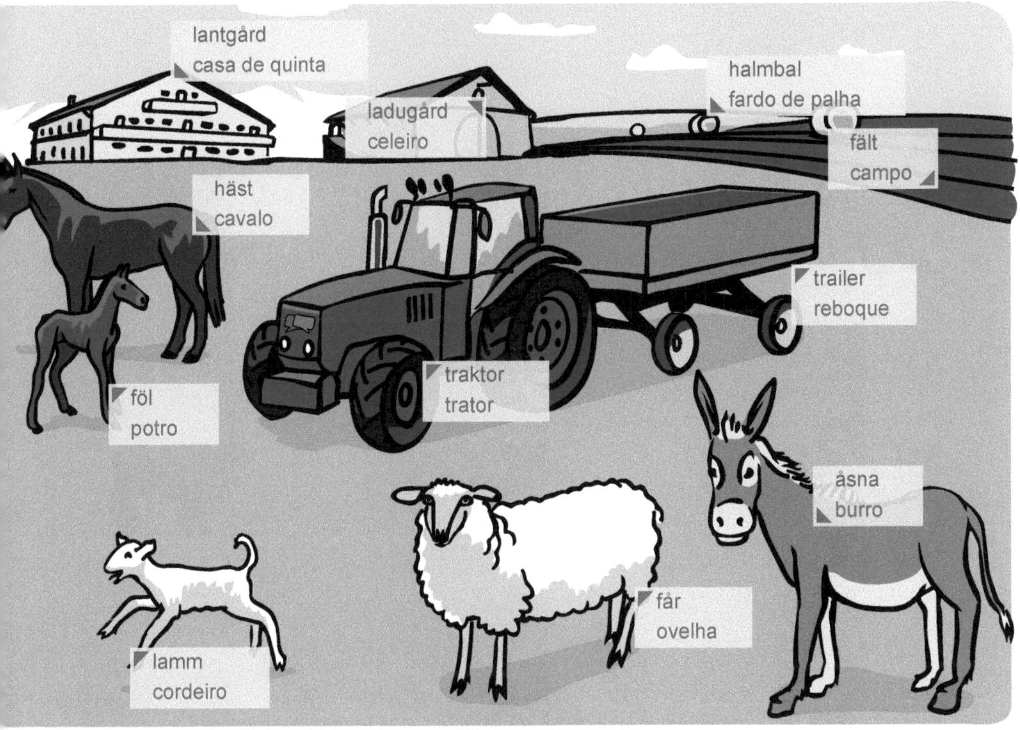

lantgård
casa de quinta
ladugård
celeiro
halmbal
fardo de palha
fält
campo
häst
cavalo
trailer
reboque
föl
potro
traktor
trator
åsna
burro
får
ovelha
lamm
cordeiro

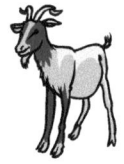

get
cabra

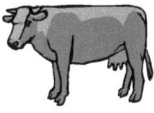

ko
vaca

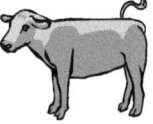

kalv
bezerro

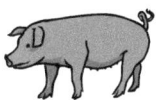

gris
porco

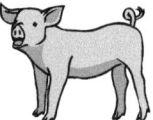

griskulting
leitão

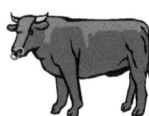

tjur
touro

gås

ganso

anka

pato

kyckling

pintaínho

höna

galinha

tupp

galo

råtta

ratazana

katt

gato

mus

rato

oxe

boi

hund

cão

hundkoja

casota

trädgårdsslang

mangueira de jardim

vattenkanna

regador

lie

foice

plog

arado

skära
....
foice

hacka
....
enxada

högaffel
....
forquilha

yxa
....
machado

skottkärra
....
carrinho de mão

tråg
....
manjedoura

mjölkflaska
....
jarro de leite

säck
....
saco

staket
....
cerca

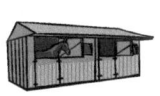

stall
....
estábulo

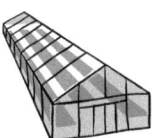

växthus
....
estufa

jord
....
solo

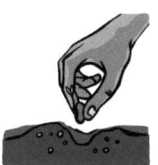

säd
....
semente

gödsel
....
fertilizante

skördetröska
....
ceifeira-debulhadora

skörda
colher

skörd
colheita

jams
inhame

vete
trigo

soja
soja

potatis
batata

majs
milho

raps
colza

fruktträd
árvore de fruto

maniok
mandioca

spannmål
cereais

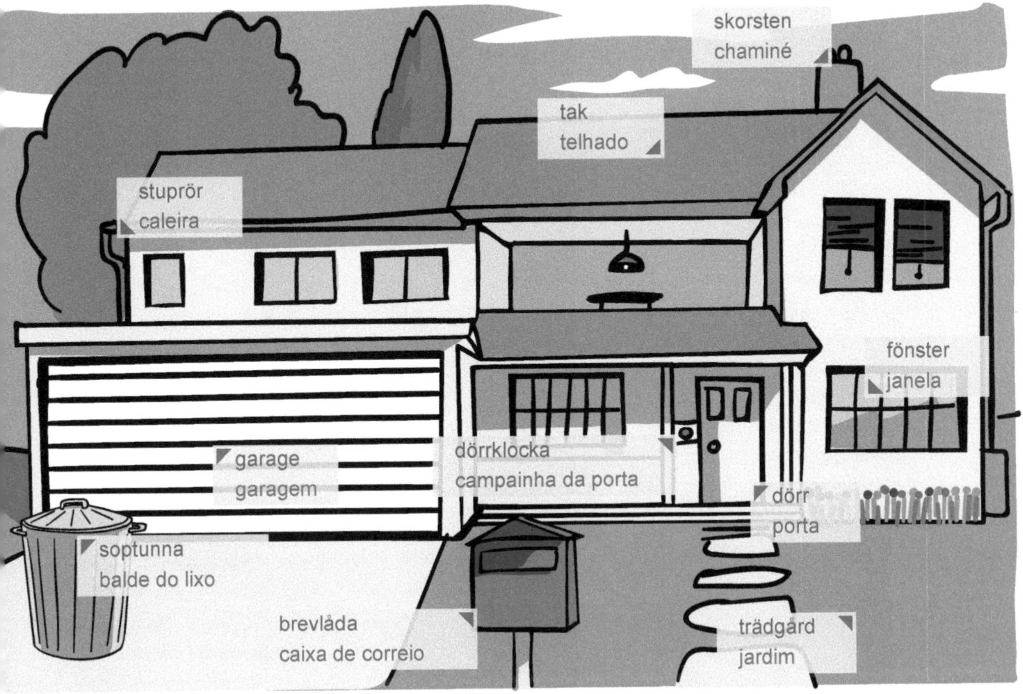

skorsten
chaminé

tak
telhado

stuprör
caleira

fönster
janela

garage
garagem

dörrklocka
campainha da porta

dörr
porta

soptunna
balde do lixo

brevlåda
caixa de correio

trädgård
jardim

vardagsrum
sala de estar

badrum
casa de banho

kök
cozinha

sovrum
quarto de dormir

barnrum
quarto de criança

matsal
sala de jantar

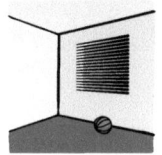

golv
chão

vägg
parede

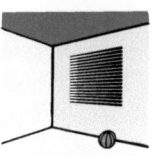

tak
teto

källare
cave

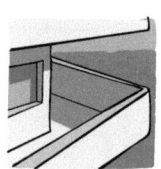

bastu
sauna

balkong
varanda

terrass
terraço

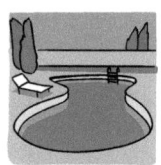

bassäng
piscina

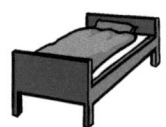

gräsklippare
máquina de cortar relvado

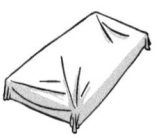

lakan
lençol

överkast
cobertor

säng
cama

kvast
vassoura

hink
balde

strömbrytare
interruptor

vardagsrum
sala de estar

tapet
papel de parede
bild
imagem
lampa
lâmpada
hylla
prateleira
skåp
armário
TV
televisão
eldstad
lareira
blomma
flor
kudde
almofada
soffa
sofá
vas
vaso
fjärrkontroll
controlo remoto

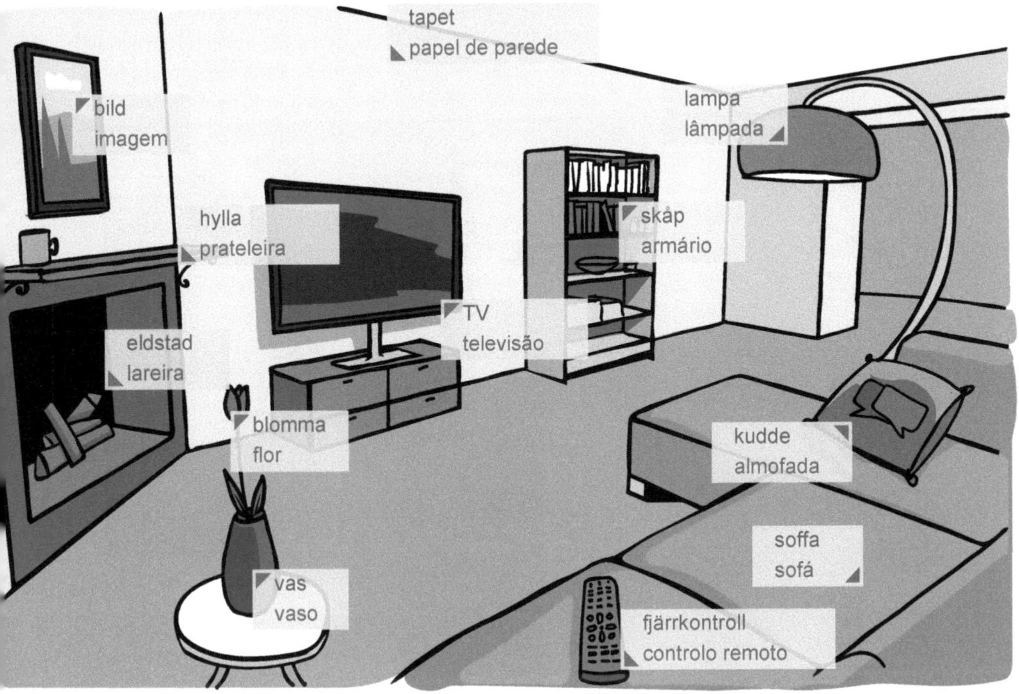

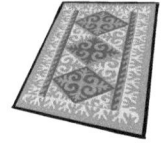

matta

tapete

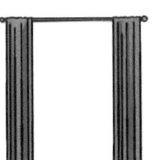

gardin

cortina

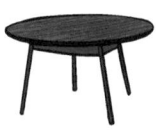

bord

mesa

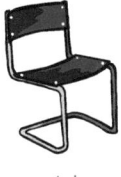

stol

cadeira

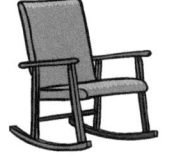

gungstol

cadeira de baloiço

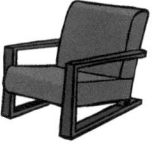

fåtölj

poltrona

bok

livro

filt

cobertor

dekoration

decoração

vedträ

lenha

film

filme

stereoanläggning

sistema estéreo

nyckel

chave

dagstidning

jornal

målning

pintura

poster

póster

radio

rádio

anteckningsbok

bloco de notas

dammsugare

aspirador

kaktus

cato

stearinljus

vela

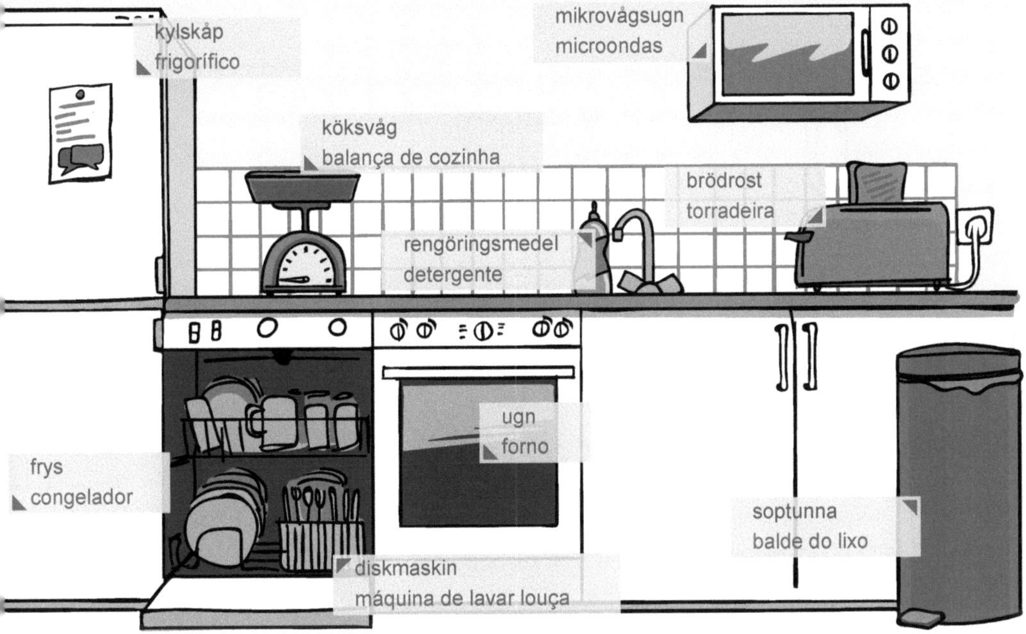

kylskåp
frigorífico

mikrovågsugn
microondas

köksvåg
balança de cozinha

brödrost
torradeira

rengöringsmedel
detergente

frys
congelador

ugn
forno

soptunna
balde do lixo

diskmaskin
máquina de lavar louça

spis
fogão

kastrull
panela

järngryta
panela de ferro

wok / kadai
wok / kadai

stekpanna
frigideira

vattenkokare
chaleira

ångkokare

panela a vapor

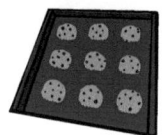

bakplåt

tabuleiro de forno

porslin

louça

mugg

caneca

skål

tigela

ätpinnar

pauzinhos

soppslev

concha de sopa

stekspade

espátula

visp

batedor de claras

durkslag

escorredor

sil

peneira

rivjärn

ralador

mortel

almofariz

grill

churrasqueira

brasa

lareira

skärbräda

tábua de cortar

kavel

rolo da massa

korkskruv

saca-rolhas

burk

lata

burköppnare

abridor de latas

grytlapp

luvas de forno

vask

lava-loiça

borste

escova

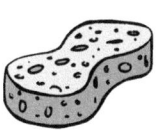

svamp

esponja

mixer

liquidificador

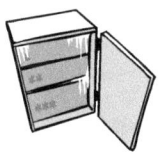

frys

arca frigorífica

nappflaska

biberão

kran

torneira

kök - cozinha

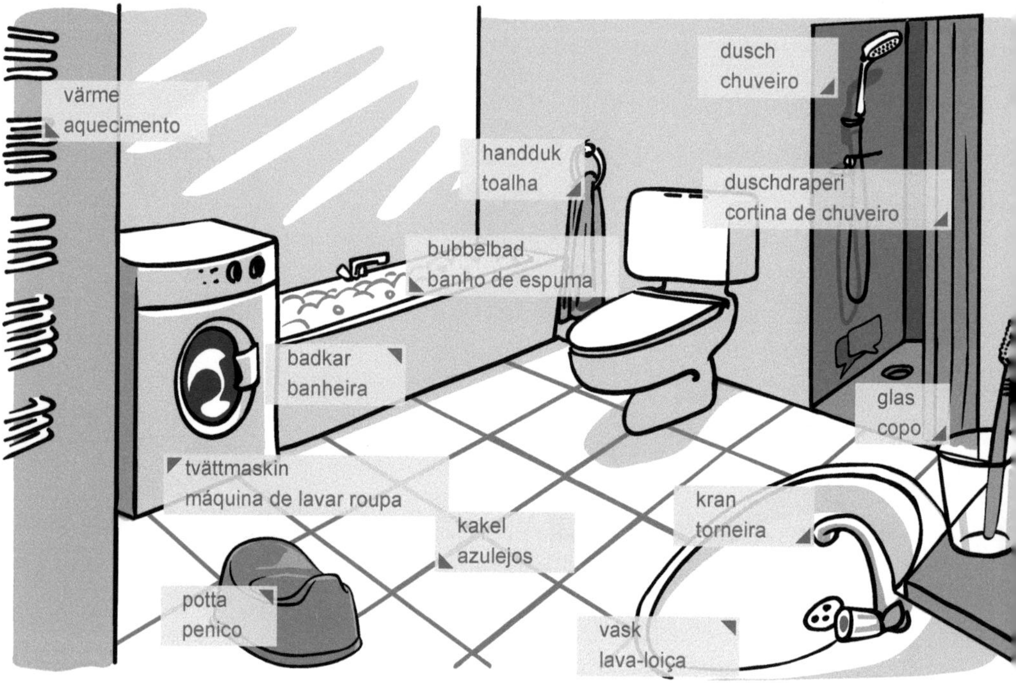

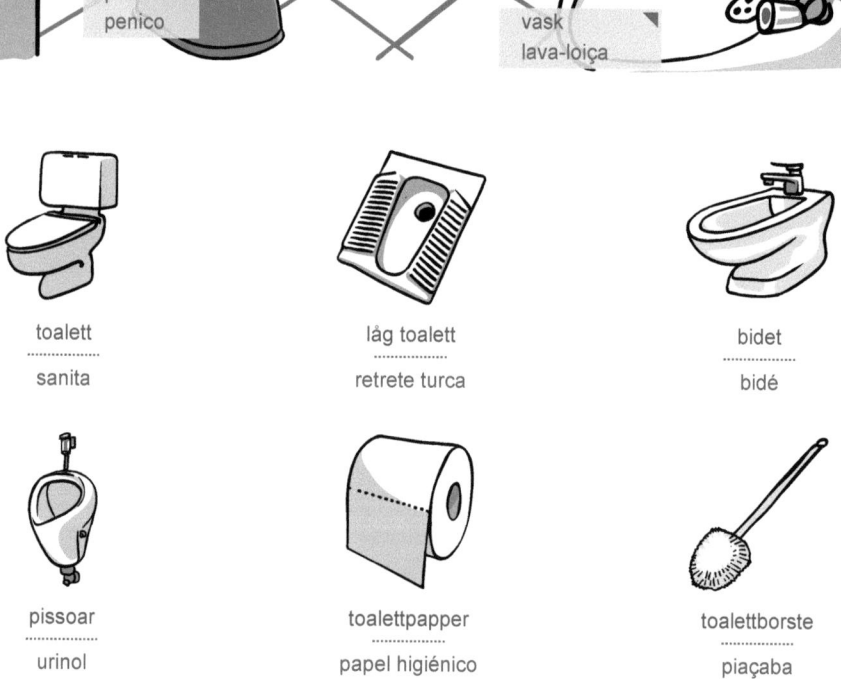

värme
aquecimento

dusch
chuveiro

handduk
toalha

duschdraperi
cortina de chuveiro

bubbelbad
banho de espuma

badkar
banheira

glas
copo

tvättmaskin
máquina de lavar roupa

kakel
azulejos

kran
torneira

potta
penico

vask
lava-loiça

toalett	låg toalett	bidet
sanita	retrete turca	bidé

pissoar	toalettpapper	toalettborste
urinol	papel higiénico	piaçaba

tandborste

escova de dentes

tandkräm

pasta de dentes

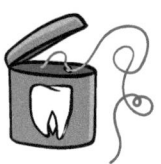

tandtråd

fio dentário

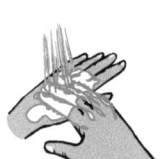

tvätta

lavar

handdusch

chuveiro de mão

intimdusch

duche íntimo

handfat

bacia

ryggborste

escova para as costas

tvål

sabonete

duschgel

gel de banho

schampo

champô

trasa

toalha de rosto

avlopp

escoamento

crème

creme

deodorant

desodorizante

spegel

espelho

handspegel

espelho de mão

rakhyvel

máquina de barbear

raklödder

creme de barbear

rakvatten

loção pós-barba

kam

pente

borste

escova

hårtork

secador de cabelo

hårspray

spray de cabelo

smink

maquilhagem

läppstift

batom

nagellack

verniz de unhas

bomullsvadd

algodão

nagelsax

tesoura para unhas

parfym

perfume

necessär

nécessaire

pall

tamborete

våg

balança

badrock

roupão de banho

gummihandskar

luvas de borracha

tampong

tampão

binda

penso higiénico

kemisk toalett

WC químico

barnrum
quarto de criança

väckarklocka
despertador
gosedjur
peluche
leksaksbil
carro de brincar
skallra
chocalho
dockhus
casa de bonecas
present
presente

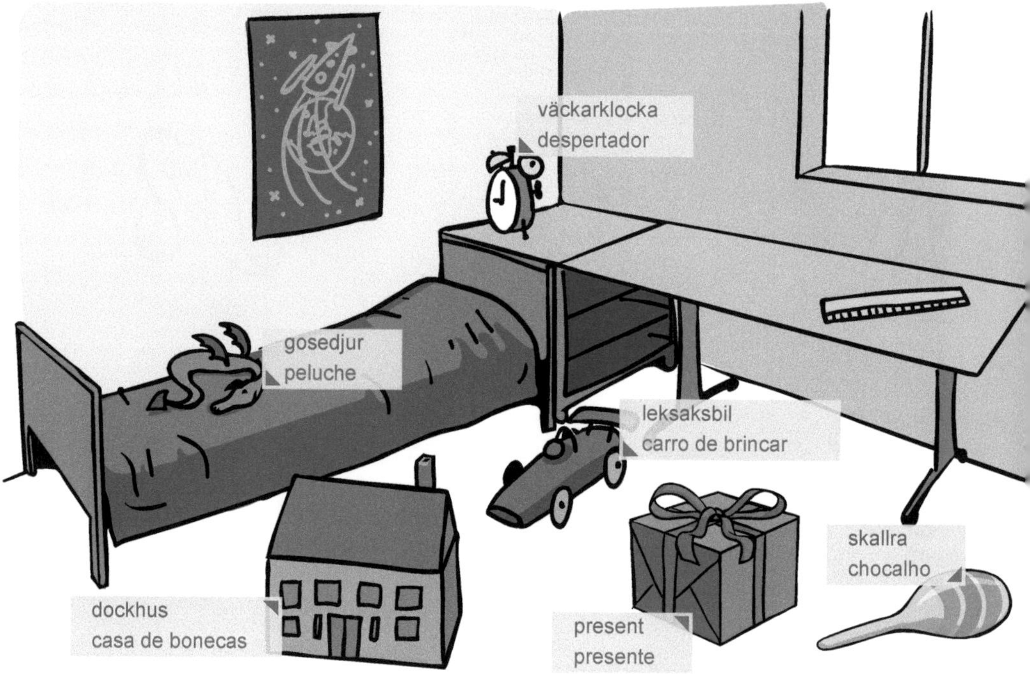

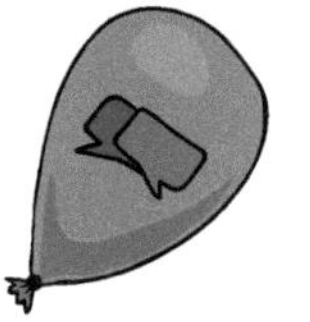

ballong
balão

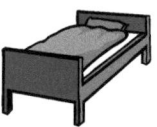

säng
cama

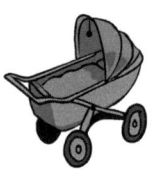

barnvagn
carrinho de bebé

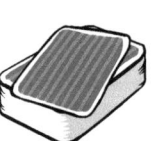

kortlek
jogo de cartas

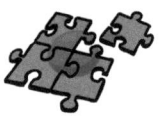

pussel
quebra-cabeças

SUPER MEGA

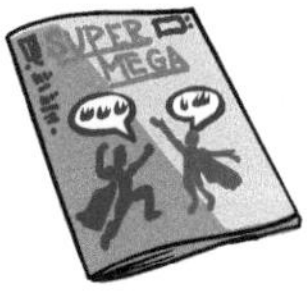

serietidning
banda desenhada

legobitar

peças de Lego

klossar

blocos de construção

actionfigur

figura de ação

sparkdräkt

fato de bebé

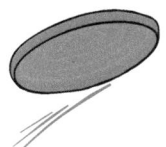

frisbee

Frisbee

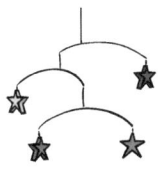

mobil

móbile para bebé

brädspel

jogo de tabuleiro

tärning

dados

modelljärnväg

pista de comboio elétrico

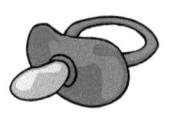

napp

chupeta

party

festa

bilderbok

livro ilustrado

boll

bola

docka

boneca

spela

jogar

sandlåda
caixa de areia

gunga
baloiço

leksaker
brinquedos

spelkonsol
consola de jogos

trehjuling
triciclo

nalle
ursinho de peluche

garderob
guarda-roupa

kläder

vestuário

sockar
meias

strumpor
meias pelo joelho

tights
meias-calças

halsduk
cachecol

paraply
guarda-chuva

t-shirt
t-shirt

bälte
cinto

stövlar
botas

tofflor
chinelos

sneakers
sapatilhas

sandaler
sandálias

skor
sapatos

gummistövlar
botas de borracha

underbyxor
cuecas

BH
sutiã

linne
camisola interior

kläder - vestuário

body
body

byxor
calças

jeans
calças de ganga

kjol
saia

blus
blusa

skjorta
camisa

pullover
pulôver

sweater
camisola com capuz

blazer
blazer

jacka
casaco

kappa
manto

regnjacka
gabardina

dräkt
traje

klänning
vestido

bröllopsklänning
vestido de casamento

kläder - vestuário

kostym

fato

nattlinne

camisa de dormir

pyjamas

pijama

sari

sari

slöja

lenço de cabeça

turban

turbante

burka

burca

kaftan

cafetã

abaya

abaya

baddräkt

fato de banho

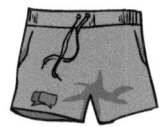

badbyxor

calções de banho

shorts

calções

träningsoverall

fato de treino

förkläde

avental

handskar

luvas

knapp
botão

glasögon
óculos

armband
pulseira

halsband
colar

ring
anel

örhänge
brinco

mössa
boné

galge
cabide

hatt
chapéu

slips
gravata

dragkedja
fecho de correr

hjälm
capacete

hängslen
suspensórios

skoluniform
uniforme escolar

uniform
uniforme

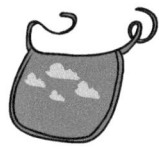

haklapp

babete

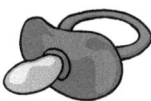

napp

chupeta

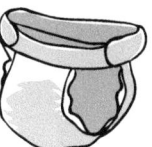

blöja

fralda

kontor
escritório

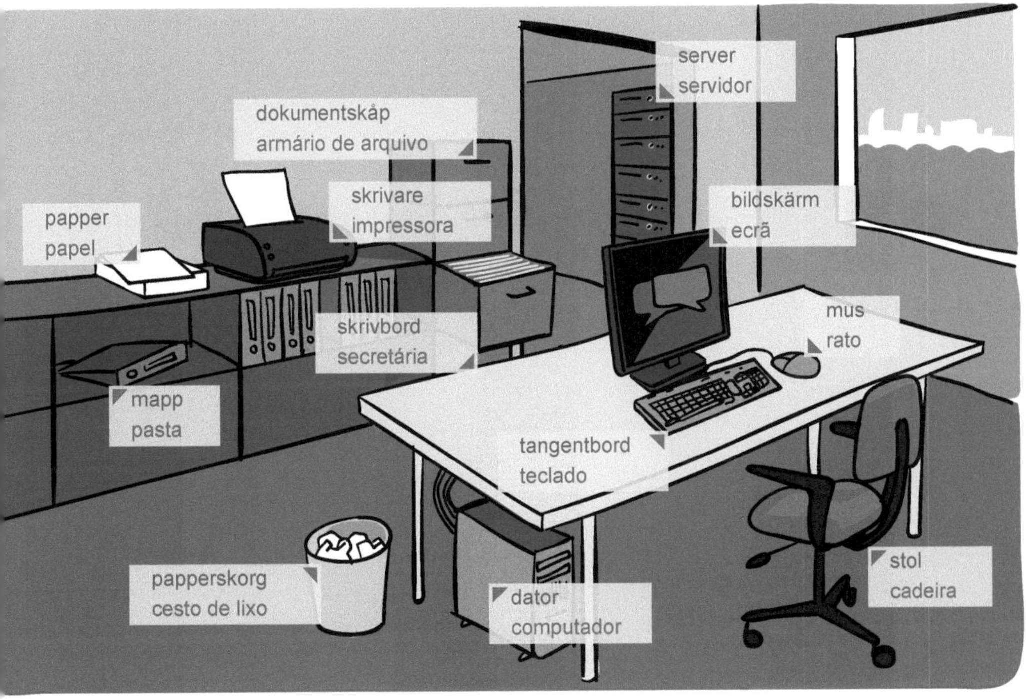

server
servidor
dokumentskåp
armário de arquivo
skrivare
impressora
papper
papel
bildskärm
ecrã
mus
rato
skrivbord
secretária
mapp
pasta
tangentbord
teclado
papperskorg
cesto de lixo
dator
computador
stol
cadeira

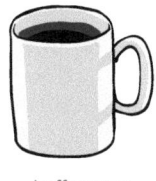

kaffemugg

caneca de café

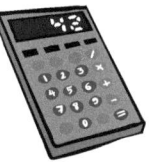

miniräknare

calculadora

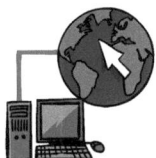

internet

internet

bärbar dator

computador portátil

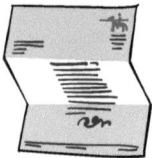

brev

carta

meddelande

mensagem

mobiltelefon

telemóvel

nätverk

rede

kopieringsapparat

fotocopiadora

programvara

software

telefon

telefone

vägguttag

tomada elétrica

fax

fax

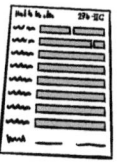

blankett

formulário

dokument

documento

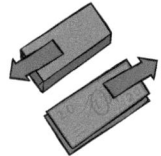

köpa

comprar

betala

pagar

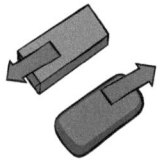

handla

negociar

pengar

dinheiro

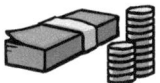

dollar

dólar

euro

euro

yen

yen

rubel

rublo

schweizisk franc

franco suíço

renminbi yan

renminbi yuan

rupie

rupia

bankomat

caixa de multibanco

växelkontor

casa de câmbio

guld

ouro

silver

prata

olja

petróleo

energi

energia

pris

preço

kontrakt

contrato

skatt

imposto

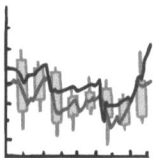

aktie

ação

arbeta

trabalhar

anställd

empregado

arbetsgivare

entidade patronal

fabrik

fábrica

affär

loja

yrken
profissões

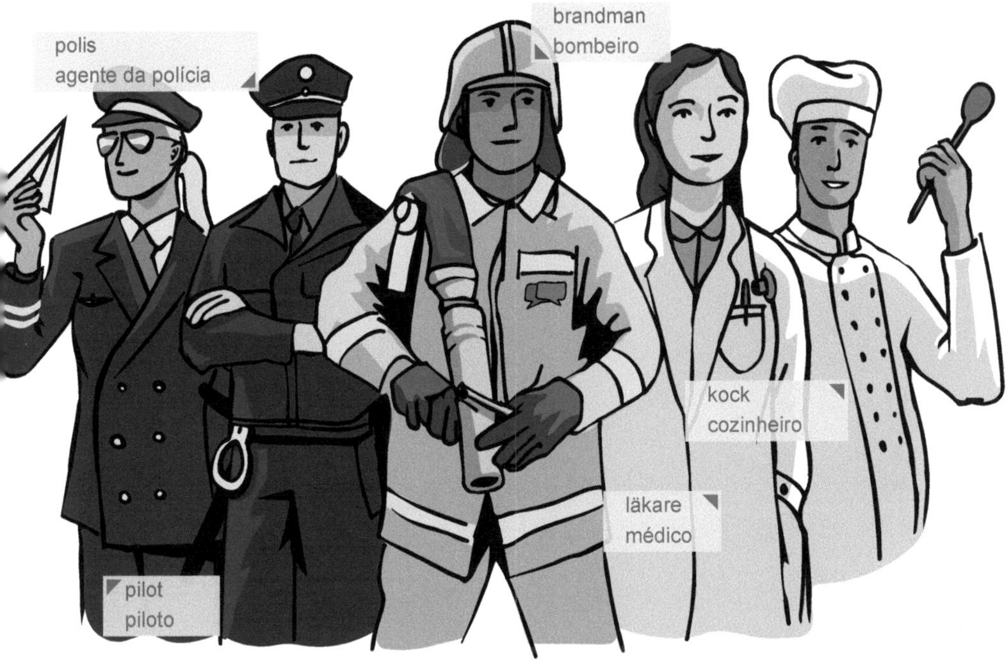
polis
agente da polícia
brandman
bombeiro
kock
cozinheiro
läkare
médico
pilot
piloto

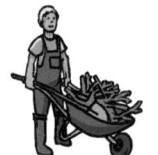

trädgårdsmästare

jardineiro

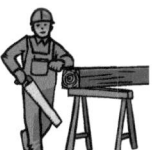

snickare

carpinteiro

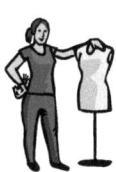

sömmerska

costureira

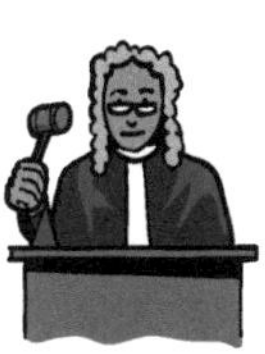

domare

juiz

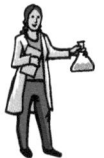

kemist

químico

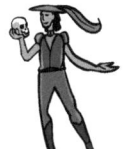

skådespelare

ator

busschaufför

motorista de autocarro

taxichaufför

motorista de táxi

fiskare

pescador

städerska

empregada de limpeza

takläggare

telhador

servitör

empregado de mesa

jägare

caçador

målare

pintor

bagare

padeiro

elektriker

eletricista

byggarbetare

construtor

ingenjör

engenheiro

slaktare

talhante

rörmokare

canalizador

brevbärare

carteiro

soldat

soldado

arkitekt

arquiteto

kassör

caixa

florist

florista

frisör

cabeleireiro

konduktör

controlador de bilhetes

mekaniker

mecânico

kapten

capitão

tandläkare

dentista

vetenskapsman

cientista

rabbin

rabino

imam

imã

munk

monge

präst

pastor

verktyg
ferramentas

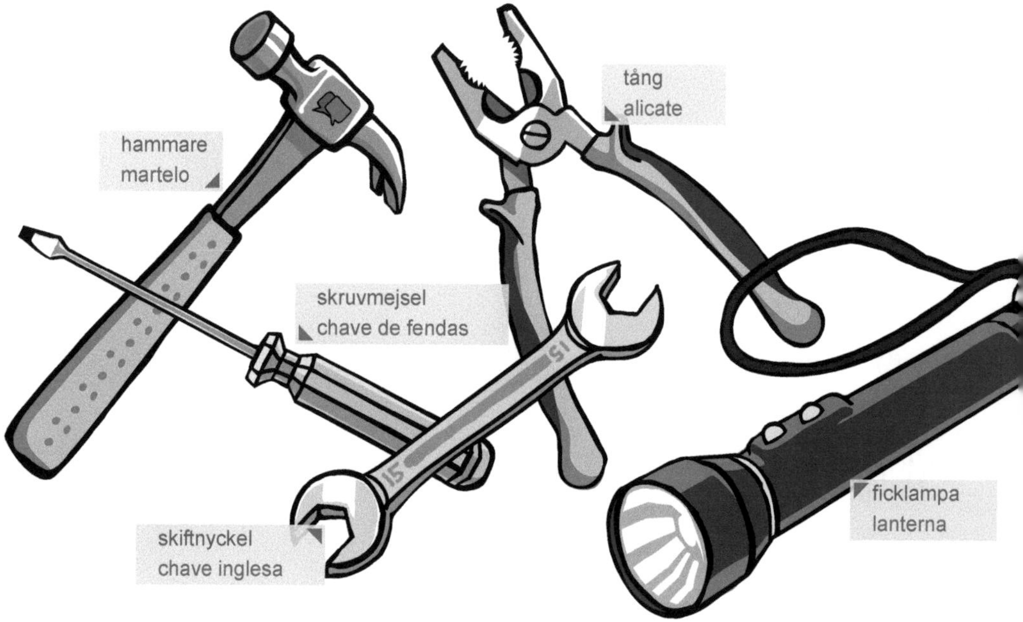
hammare
martelo
tång
alicate
skruvmejsel
chave de fendas
ficklampa
lanterna
skiftnyckel
chave inglesa

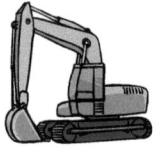

grävmaskin

escavadora

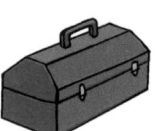

verktygslåda

caixa de ferramentas

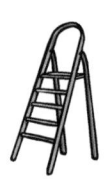

stege

escadote

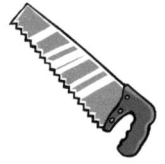

såg

serra

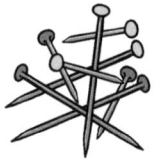

spik

pregos

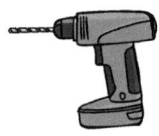

borr

broca

reparera
....
reparar

spade
....
pá

Helvete!
....
porcaria!

sopskyffel
....
pá de lixo

färgburk
....
pote de tinta

skruvar
....
parafusos

musikinstrument
instrumentos musicais

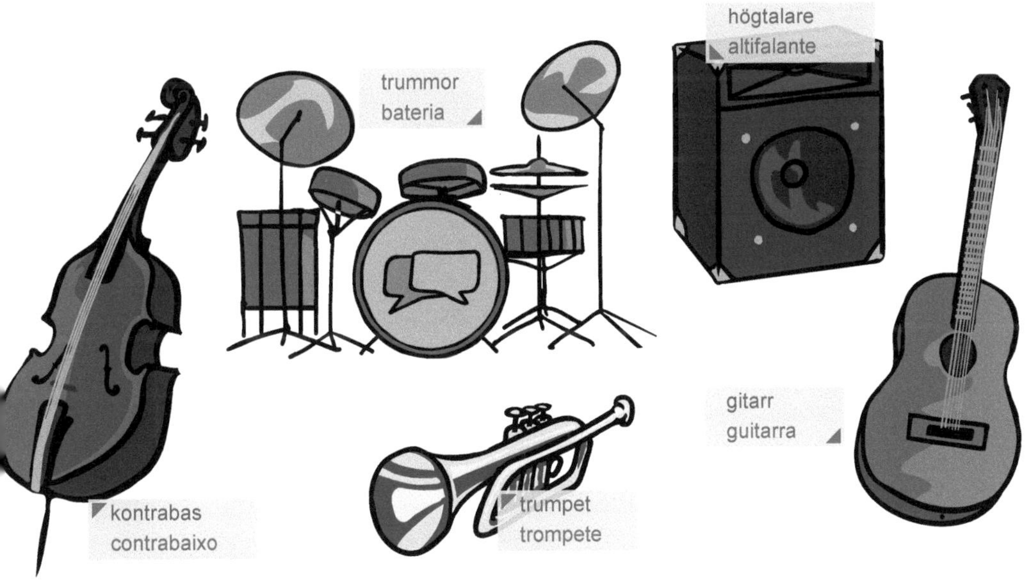

högtalare
altifalante

trummor
bateria

gitarr
guitarra

kontrabas
contrabaixo

trumpet
trompete

piano
piano

violin
violino

bas
baixo

timpani
timbales

trumma
tambor

keyboard
teclado

saxofon
saxofone

flöjt
flauta

mikrofon
microfone

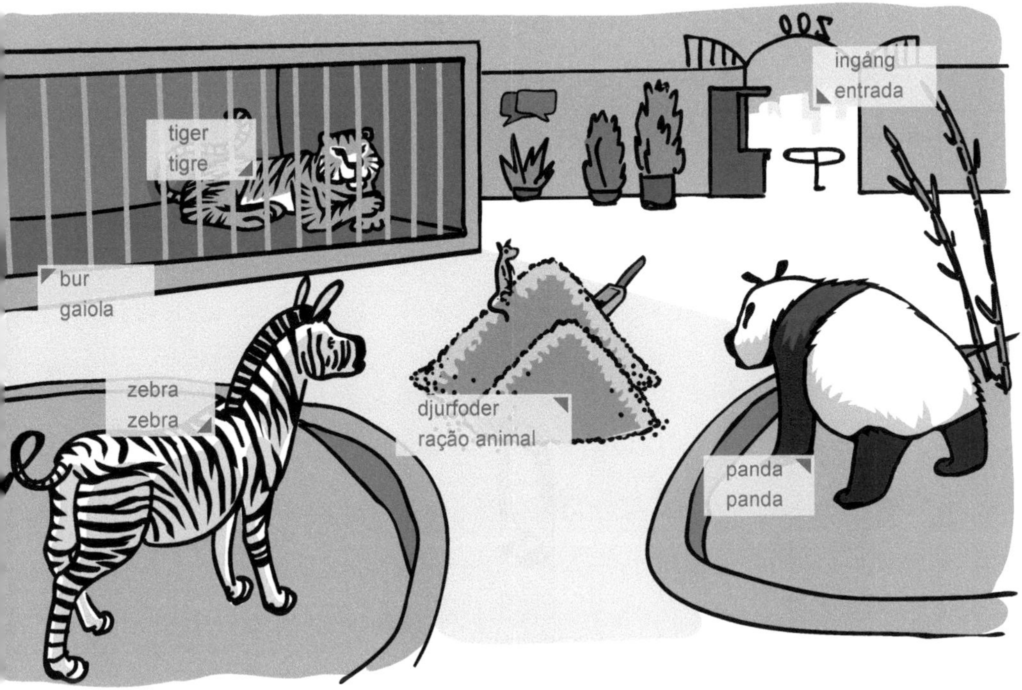

tiger
tigre

ingång
entrada

bur
gaiola

zebra
zebra

djurfoder
ração animal

panda
panda

djur

animais

elefant

elefante

känguru

canguru

noshörning

rinoceronte

gorilla

gorila

björn

urso

kamel

camelo

struts

avestruz

lejon

leão

apa

macaco

flamingo

flamingo

papegoja

papagaio

isbjörn

urso polar

pingvin

pinguim

haj

tubarão

påfågel

pavão

orm

cobra

krokodil

crocodilo

djurskötare

guarda do jardim zoológico

säl

foca

jaguar

jaguar

ponny
pónei

leopard
leopardo

flodhäst
hipopótamo

giraff
girafa

örn
águia

vildsvin
javali

fisk
peixe

sköldpadda
tartaruga

valross
morsa

räv
raposa

gazell
gazela

amerikansk fotboll
futebol americano

cykling
ciclismo

tennis
ténis

basket
basquetebol

simning
natação

boxning
boxe

ishockey
hóquei no gelo

fotboll
futebol

badminton
badminton

friidrott
atletismo

handboll
andebol

skidåkning
esqui

polo
polo

aktiviteter
atividades

hoppa
saltar
krama
abraçar
skratta
rir
gå
andar
sjunga
cantar
drömma
sonhar
be
rezar
kyssa
beijar

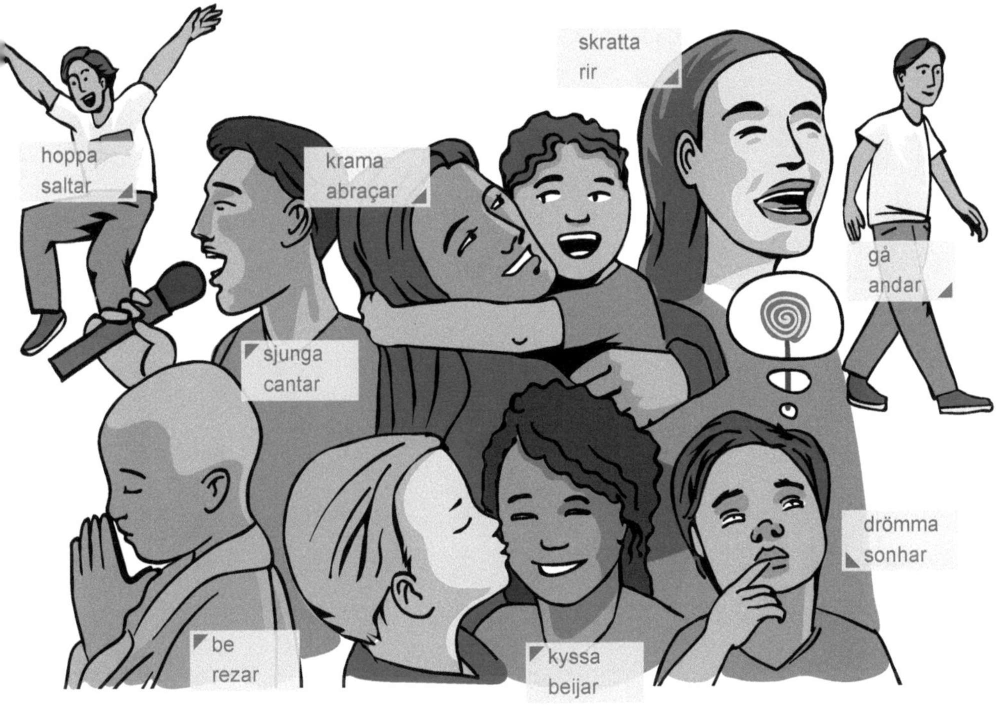

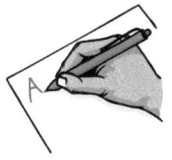

skriva

escrever

rita

desenhar

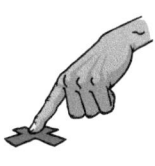

visa

mostrar

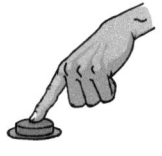

skjuta

empurrar

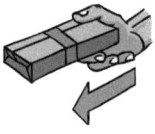

ge

dar

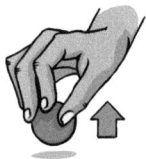

ta

tomar

hagel
ter

göra
fazer

vara
ser

stå
ficar de pé

springa
correr

dra
puxar

kasta
remessar

falla
cair

ligga
deitar

vänta
esperar

bära
carregar

sitta
sentar

klä på
vestir

sova
dormir

vakna
acordar

se på
olhar para

gråta
chorar

smeka
acariciar

kamma
pentear

prata
falar

förstå
compreender

fråga
perguntar

höra
ouvir

dricka
beber

äta
comer

städa
arrumar

älska
amar

laga mat
cozinhar

köra
conduzir

flyga
voar

segla

velejar

räkna

calcular

läsa

ler

lära sig

aprender

arbeta

trabalhar

gifta sig

casar

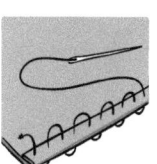

sy

costurar

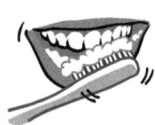

borsta tänderna

escovar os dentes

döda

matar

röka

fumar

skicka

enviar

familj
família

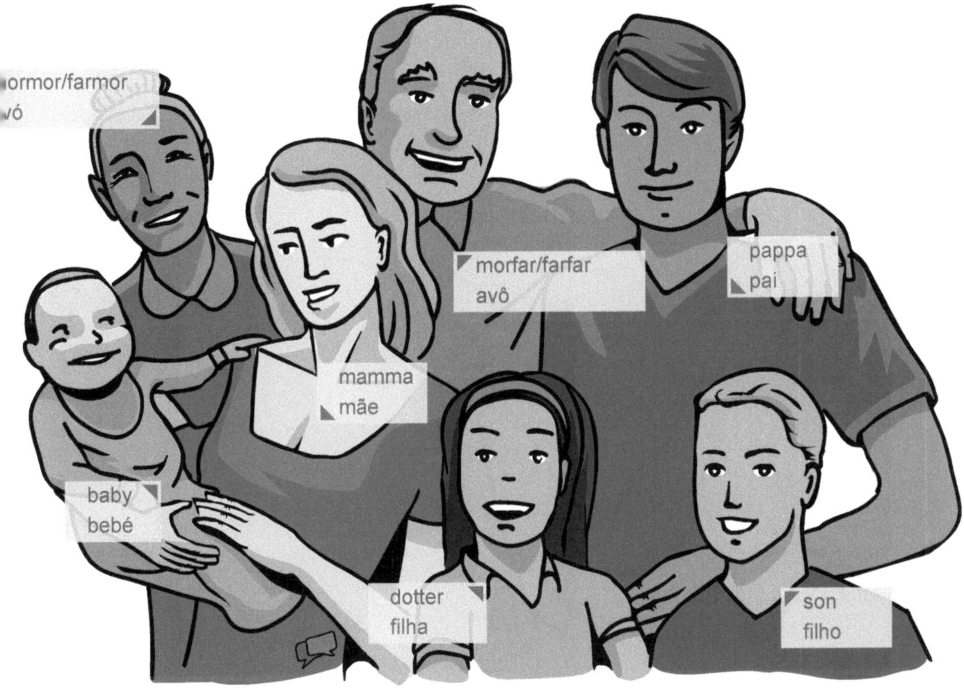

ormor/farmor
vó
morfar/farfar
avô
pappa
pai
mamma
mãe
baby
bebé
dotter
filha
son
filho

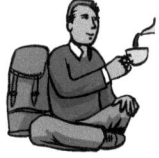

gäst

convidado

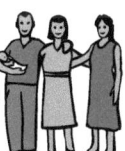

moster/faster

tia

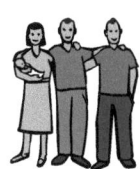

farbror/morbror

tio

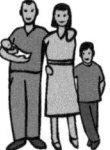

bror

irmão

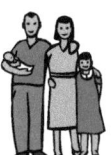

syster

irmã

kropp
corpo

panna
testa
öga
olho
skuldra
ombro
finger
dedo
ansikte
cara
haka
queixo
hand
mão
ben
perna
bröst
peito
arm
braço

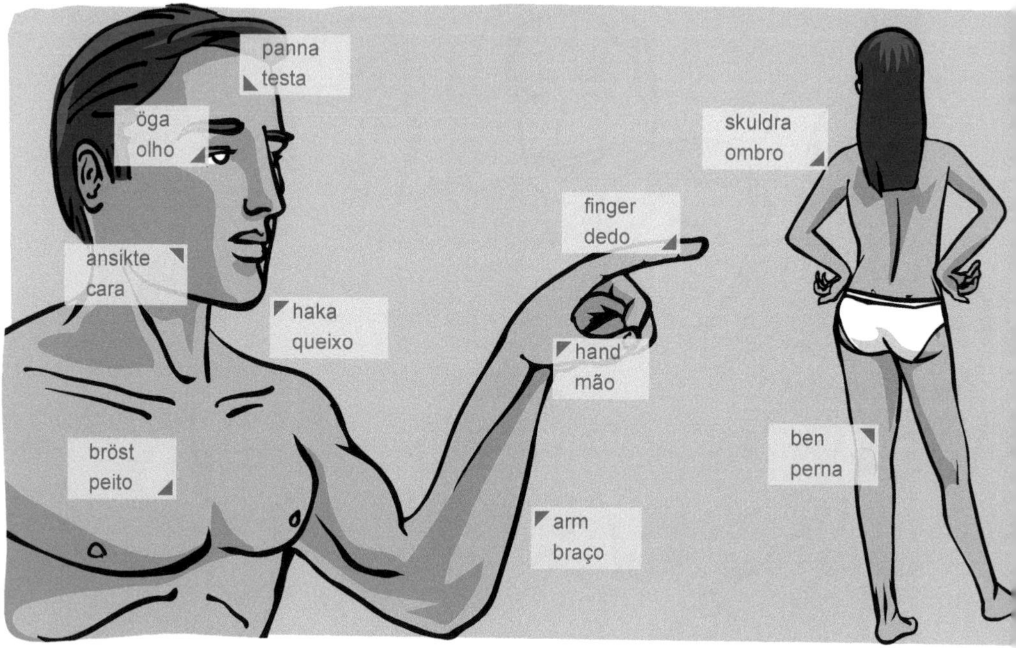

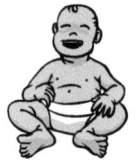

baby
bebé

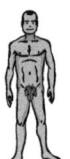

man
homem

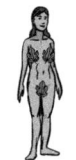

kvinna
mulher

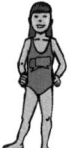

flicka
menina

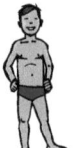

pojke
menino

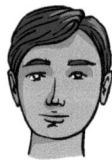

huvud
cabeça

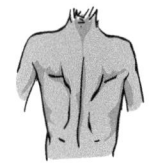

rygg

costas

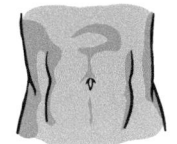

mage

barriga

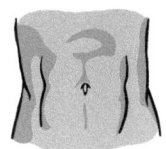

navel

umbigo

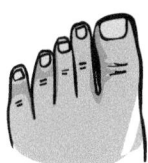

tå

dedo do pé

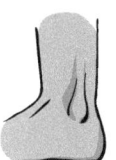

häl

calcanhar

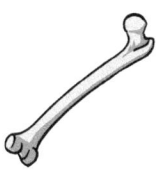

ben

osso

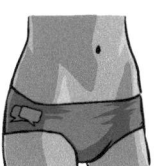

höft

anca

knä

joelho

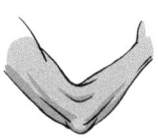

armbåge

cotovelo

näsa

nariz

stjärt

nádegas

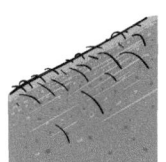

hud

pele

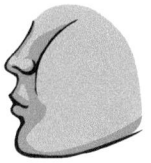

kind

bochecha

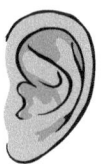

öra

orelha

läpp

lábio

mun
boca

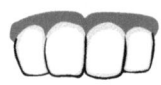

tand
dente

tunga
língua

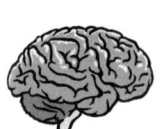

hjärna
cérebro

hjärta
coração

muskel
músculo

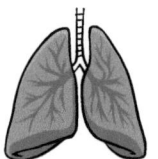

lunga
pulmão

lever
fígado

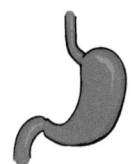

magsäck
estômago

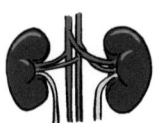

njurar
rins

sex
relações sexuais

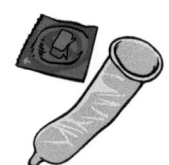

kondom
preservativo

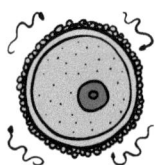

äggcell
óvulo

sperma
esperma

graviditet
gravidez

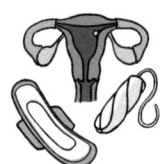

menstruation

menstruação

vagina

vagina

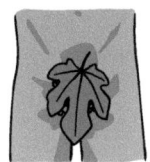

penis

pénis

ögonbryn

sobrancelha

hår

cabelo

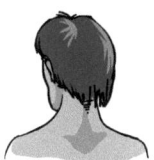

nacke

pescoço

sjukhus
hospital

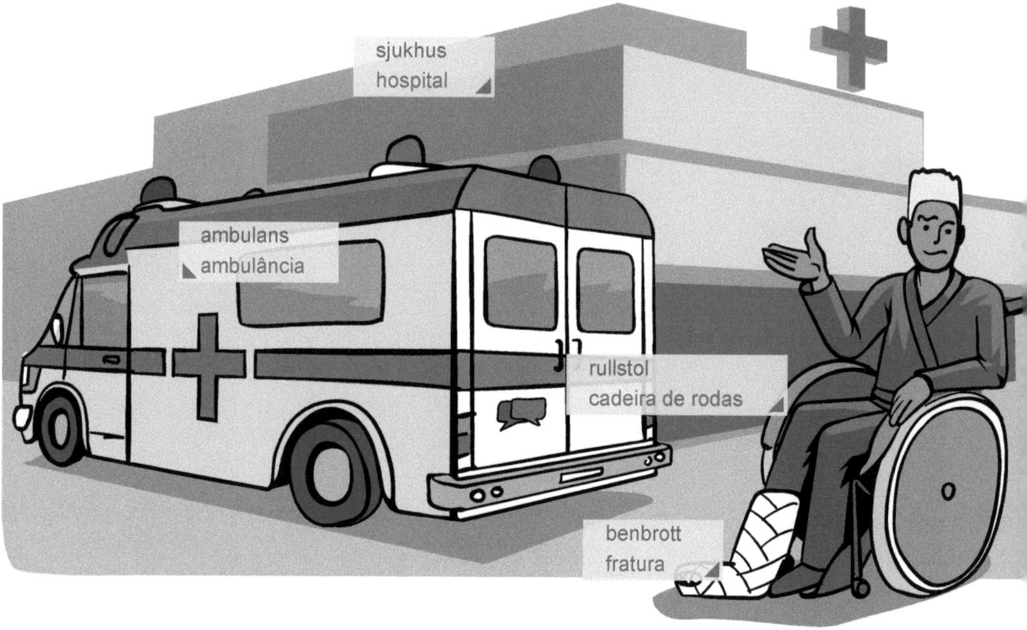

sjukhus
hospital
ambulans
ambulância
rullstol
cadeira de rodas
benbrott
fratura

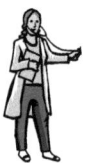

läkare

médico

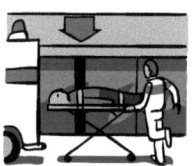

akutmottagning

serviço de urgências

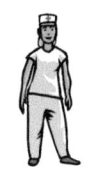

sjuksköterska

enfermeira

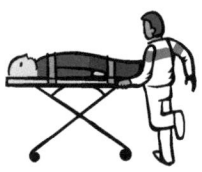

nödsituation

emergência

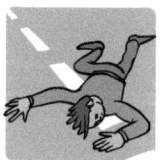

medvetslös

inconsciente

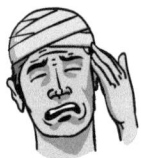

smärta

dor

skada
ferimento

blödning
hemorragia

hjärtattack
ataque cardíaco

slaganfall
acidente vascular cerebral

allergi
alergia

hosta
tosse

feber
febre

influensa
gripe

diarré
diarreia

huvudvärk
dor de cabeça

cancer
cancro

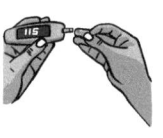

diabetes
diabetes

kirurg
cirurgião

skalpell
bisturi

operation
operação

CT
CT

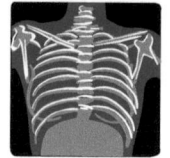

röntgen
raio x

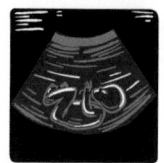

ultraljud
ultrassom

ansiktsmask
máscara

sjukdom
doença

väntsal
sala de espera

krycka
muleta

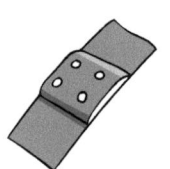

plåster
penso rápido

bandage
ligadura

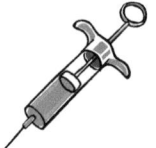

injektion
injeção

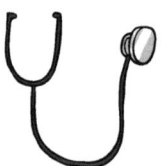

stetoskop
estetoscópio

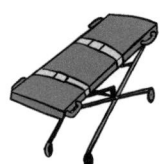

bår
maca

termometer
termómetro

födsel
nascimento

övervikt
excesso de peso

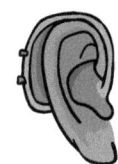

hörapparat
aparelho auditivo

desinfektionsmedel
desinfetante

infektion
infeção

virus
vírus

HIV / AIDS
HIV / SIDA

medicin
medicamento

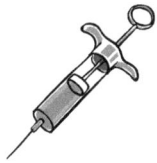

vaccination
vacinação

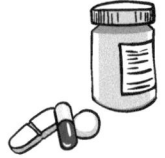

tabletter
comprimidos

p-piller
pílula

nödsamtal
chamada de emergência

blodtrycksmätare
dispositivo de medição de
pressão arterial

sjuk / frisk
doente / saudável

Hjälp!

Socorro!

alarm

alarme

överfall

assalto

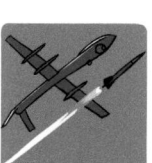

misshandel

ataque

fara

perigo

nödutgång

saída de emergência

Det brinner!

Fogo!

brandsläckare

extintor de incêndios

olycka

acidente

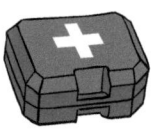

förbandslåda

estojo de primeiros socorros

SOS

SOS

polis

polícia

Europa

Europa

Nordamerika

América do Norte

Sydamerika

América do Sul

Afrika

África

Asien

Ásia

Australien

Austrália

Atlanten

Atlântico

Stilla Havet

Pacífico

Indiska Oceanen

Oceano Índico

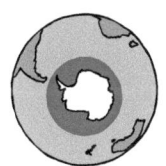

Antarktiska Oceanen

Oceano Antártico

Arktiska Oceanen

Oceano Ártico

Nordpol

Polo Norte

Sydpol

Polo Sul

Antarktis

Antártica

Jorden

terra

land

país

hav

mar

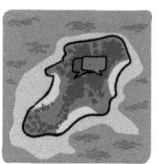

ö

ilha

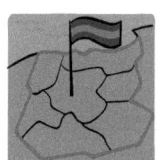

nation

nação

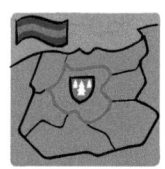

stat

estado

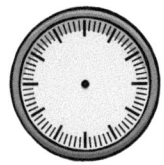

urtavla

mostrador do relógio

timvisare

ponteiro das horas

minutvisare

ponteiro dos minutos

sekundvisare

ponteiro dos segundos

Vad är klockan?

Que horas são?

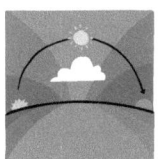

dag

dia

tid

tempo

nu

agora

digital klocka

relógio digital

minut

minuto

timme

hora

vecka
semana

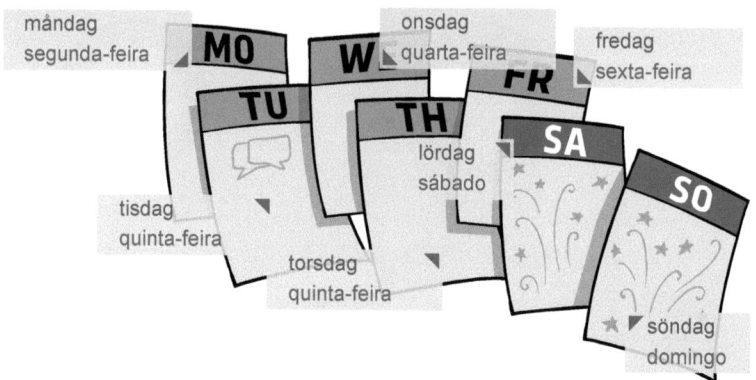

måndag
segunda-feira

onsdag
quarta-feira

fredag
sexta-feira

tisdag
quinta-feira

torsdag
quinta-feira

lördag
sábado

söndag
domingo

igår
....
ontem

idag
....
hoje

imorgon
....
amanhã

morgon
....
manhã

middag
....
meio-dia

kväll
....
entardecer

vardagar
....
dias úteis

helg
....
fim de semana

år

ano

regn
chuva
regnbåge
arco-íris
snö
neve
vind
vento
vår
primavera
höst
outono
sommar
verão
vinter
inverno

4.APRIL 11°
5.APRIL 4°
6.APRIL 13°
7.APRIL 8°
8.APRIL 10°

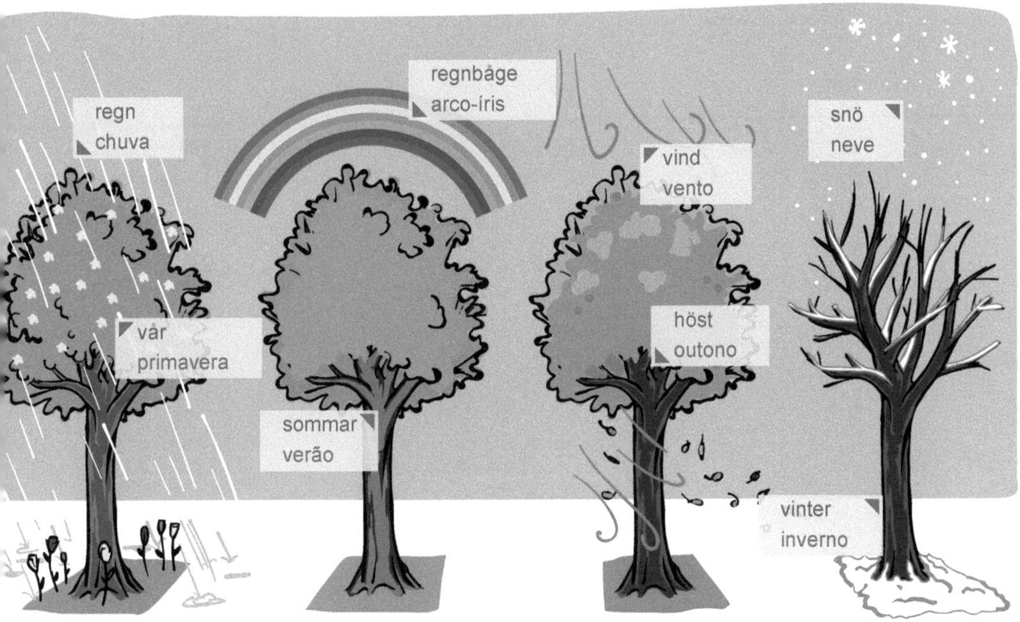

väderprognos

previsão do tempo

F C
120 40
90 30
60 20
30 10
0 0
-30 -10
-20

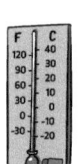

termometer

termómetro

solsken

raios de sol

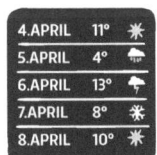

moln

nuvem

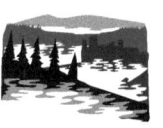

dimma

neblina / nevoeiro

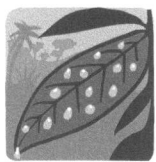

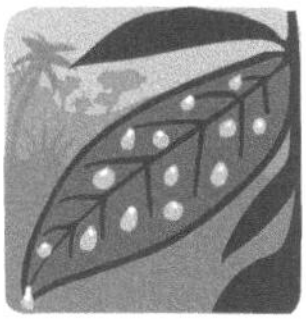

luftfuktighet

humidade do ar

blixt
relâmpago

åska
trovão

storm
tempestade

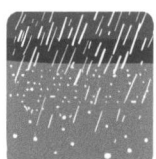

hagel
granizo

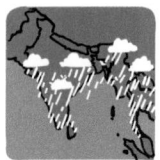

monsun
monção

översvämning
inundação

is
gelo

januari
janeiro

februari
fevereiro

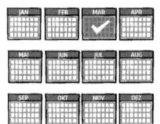

mars
março

april
abril

maj
maio

juni
junho

juli
julho

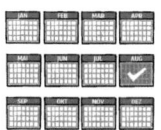

augusti
agosto

september
....
setembro

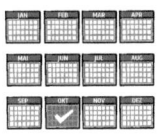

oktober
....
outubro

november
....
novembro

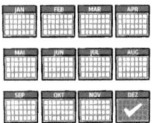

december
....
dezembro

former
formas

cirkel
....
círculo

kvadrat
....
quadrado

rektangel
....
retângulo

triangel
....
triângulo

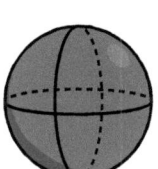

sfär
....
esfera

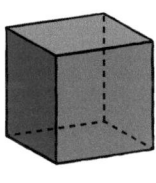

kub
....
cubo

vit
branco

gul
amarelo

orange
laranja

rosa
rosa

röd
vermelho

lila
lilás

blå
azul

grön
verde

brun
castanho

grå
cinzento

svart
preto

mycket / lite

muito / pouco

arg / lugn

furioso / calmo

vacker / ful

lindo / feio

början / slut

princípio / fim

stor / liten

grande / pequeno

ljus / mörk

claro / escuro

bror / syster

irmão / irmã

ren / smutsig

limpo / sujo

komplett / ofullständig

completo / incompleto

dag / natt

dia / noite

död / levande

morto / vivo

bred / smal

largo / estreito

ätlig / oätlig

comestível / não comestível

ond / god

mau / gentil

upphetsad / uttråkad

entusiasmado / entediado

tjock / smal

gordo / magro

först / sist

primeiro / último

vän / fiende

amigo / inimigo

full / tom

cheio / vazio

hård / mjuk

duro / macio

tung / lätt

pesado / leve

hunger / törst

fome / sede

sjuk / frisk

doente / saudável

olaglig / laglig

ilegal / legal

intelligent / dum

inteligente / burro

vänster / höger

esquerda / direita

nära / långt bort

perto / longe

ny / begagnad

novo / usado

inget / något

nada / algo

gammal / ung

velho / jovem

på / av

ligado / desligado

öppen / stängd

aberto / fechado

tyst / högljudd

baixo / alto

rik / fattig

rico / pobre

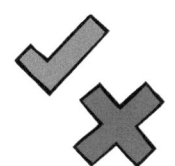

rätt / fel

certo / errado

grov / slät

áspero / liso

ledsen / glad

triste / feliz

kort / lång

curto / longo

långsam / snabb

lento / rápido

våt / torr

molhado / seco

varm / sval

ameno / fresco

krig / fred

guerra / paz

siffror
números

0	**1**	**2**
noll	ett	två
zero	um	dois

3	**4**	**5**
tre	fyra	fem
três	quatro	cinco

6	**7**	**8**
sex	sju	åtta
seis	sete	oito

9	**10**	**11**
nio	tio	elva
nove	dez	onze

12	**13**	**14**
tolv	tretton	fjorton
doze	treze	catorze
15	**16**	**17**
femton	sexton	sjutton
quinze	dezasseis	dezassete
18	**19**	**20**
arton	nitton	tjugo
dezoito	dezanove	vinte
100	**1.000**	**1.000.000**
hundra	tusen	miljon
cem	mil	milhão

engelska

inglês

amerikansk engelska

inglês americano

kinesisk mandarin

chinês mandarim

hindi

hindi

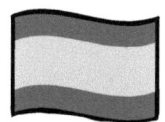

spanska

espanhol

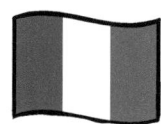

franska

francês

arabiska

árabe

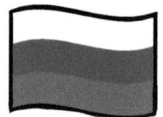

ryska

russo

portugisiska

português

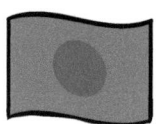

bengali

bengalês

tyska

alemão

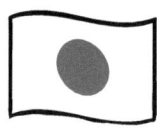

japanska

japonês

jag
eu

du
tu

♂ ♀ ○

han / hon / den (det)
ele / ela

vi
nós

ni
vós

de
eles / elas

vem?
quem?

vad?
o quê?

hur?
como?

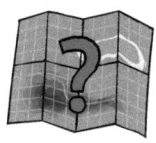

var?
onde?

när?
quando?

namn
nome

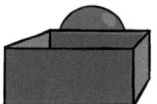

bakom

atrás

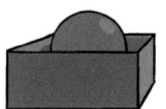

i

em

framför

à frente de

över

sobre

på

em cima

under

debaixo

bredvid

ao lado

mellan

entre

plats

lugar